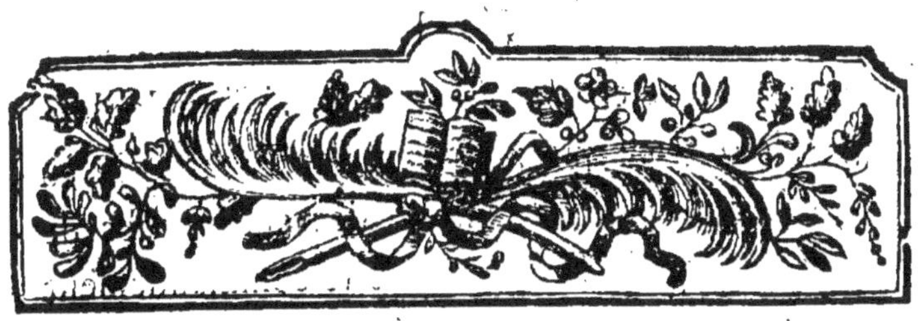

RAPPORT

Fait en l'Assemblée de MM. LES COM-MISSAIRES *de la majorité des Sections de Paris, sur l'affaire de Tabago, réunis à l'invitation de celle de la Bibliothèque.*

MESSIEURS,

L'examen scrupuleux que nous avons fait de l'affaire de Tabago, la lecture des mémoires des sieurs Bosque, Guys & Greslier, & des pièces justificatives que nous avons consultées avec soin ; enfin l'arrêté de la Section de la bibliothèque, auquel nous avons donné la plus sérieuse attention, nous ont conduits à une conviction douloureuse de tout ce que nos frères de Tabago ont eu à souffrir de la hardiesse & des entreprises de l'Officier à qui le Roi a confié le commaudement de cette île.

Il en résulte que nos Colonies renferment des villes dont les remparts ne sont pas encore ornés du pavillon de la liberté, & des citoyens accablés sous le sceptre du despotisme. Là, le sentiment de cette sainte liberté est transformé en délit, que des agens cruels osent punir par des jugemens diffamatoires. Là, sous le glaive du despotisme, les élans vers la mère-patrie sont des titres de proscription.

L'île de Tabago nous présente le spectacle déchirant de plusieurs victimes de ces abus d'autorité arbitraire : d'un Commandant pour qui rien n'est sacré, & qui, méprisant toutes les loix, se joue impunément de la patrie, des citoyens & de tous les droits de l'humanité ; ose imposer un silence absolu à toute réclamation, en annonçant que ne devant compte qu'au Roi, tout doit fléchir sous sa volonté suprême. Cet homme superbe, il faut vous le nommer, est le sieur Jobal, commandant en l'absence du sieur Dillon, gouverneur.

Quelques citoyens échappés à ces persécutions sont revenus en France. Ils ont apperçu le terme de leurs maux, & conçu l'efpoir d'une juftice qui leur eft due.

Nous avons vu dans la conduite de ce Commandant, avant la révolution, le defpote caractérifé ; & depuis la révolution, l'égoïfte forcené, le tyran du citoyen, l'ennemi de la Nation & du Roi, l'homme coupable de délits graves, de crimes de lèfe-nation, commis par cet agent fubalterne envers la liberté que nous avons tous juré de maintenir, envers les droits de l'homme, en oubliant même les faints devoirs de l'humanité ; & ces crimes, il n'a pas rougi de les commettre fous l'augufte nom du Monarque reftaurateur de la France, en empruntant le mafque de la loi, & en fouillant d'une main hardie la balance de la juftice.

Nous nous hâtons, Meffieurs, de vous dévoiler cet homme audacieux, & de vous préfenter le tableau rapide de fes attentats. Nous infiftons à vous obferver que chacun des faits eft appuyé de preuves authentiques.

Quoique Tabago foit devenue colonie françoife, elle devoit cependant être régie par les loix angloifes jufqu'à nouvel ordre.

Le fieur Jobal n'a fignalé fon exiftence publique dans cette île, que par l'arbitraire le plus abfolu : tout à la fois commandant, vice-roi, magiſtrat ſuprême dans certains tribunaux, il n'a connu d'autres loix que ſa volonté.

Un ſieur Ruthie achète de la toile d'une négreſſe chargée de la vente de cette marchandiſe. La maîtreſſe prétend que la négreſſe a vendu au deſſous du prix qu'elle a ordonné. Elle s'adreſſe au ſieur Jobal, qui, ſans vouloir entendre le ſieur Ruthie, le fait mettre en priſon chargé de fers. Le ſieur Lefèvre, ſolliciteur général de l'île, & le ſieur Boſque, avocat, invoquent en faveur de Ruthie la loi d'*habeas corpus*, & leur zèle, comme défenſeurs de l'opprimé, eſt puni de l'empriſonnement de leurs perſonnes.

Une ſucceſſion eſt ſpoliée. Le bruit public accuſe un ſieur Couturier du Haton, & un autre complice, d'être les coupables du vol. Le ſieur Lefevre, en ſa qualité de ſolliciteur général, fait aſſigner un témoin nommé Fouquet pour être entendu ſur ce fait.

Couturier intrigue auprès du Commandant, qui convoque un tribunal dit *cour de commiſſion*. Les fonctions de cette cour ſe bornent à la liquidation des dettes des habitans de la colonie envers les étrangers. Dans ce tribunal incompétent, & dont l'accuſé Couturier eſt membre, le ſieur Jobal mande le témoin Fouquet. L'a, ſans l'entendre, il le fait condamner comme calomniateur; il décharge le coupable, qui n'a fourni aucune preuve de ſon innocence, & ordonne l'impreſſion & affiche, aux frais de Fouquet, de cet arrêt inique & infâmant.

Fouquet reclame la protection des loix, & requiert l'appui & le miniſtère de l'avocat Boſque. Mais le commandant, qui veut ſeul être obéi, défend à l'avocat d'appeler de ce jugement, *n'ayant pas pris ſes ordres*; enjoint à Fouquet de ſe taire, devant s'eſtimer heureux de la douceur de ce jugement, & invite les jurés à ne pas recevoir la plainte de Fouquet. Ainſi, par un ordre arbitraire, toutes les loix ſont muettes, & le cours de la juſtice, la fortune & l'honneur des citoyens, ſont au gré du ſieur Jobal, qui s'empare de tous les pouvoirs.

Les gouverneurs des colonies ne doivent s'immiſcer dans aucune affaire, contentieuſe, civile ni criminelle; mais le ſieur Jobal veut être ſeul exerçant l'autorité. Vient-il à ſa connoiſſance qu'un citoyen ait quelque différend pour obligation ou débet, le commandant, ſans aucune explication, ordonne de payer, fait capturer & garder priſon, menace avant l'échéance du payement qu'il ſera inéxorable, & fait exécuter ſes ordres arbitraires par la Maréchauſſée, qu'il charge ainſi de ſes lettres-de-cachet.

Il craint qu'une pièce de comptabilité, qui ſe trouve dans les mains d'un ſieur de St.-Léger, tréſorier de la colonie, ne contienne la preuve d'un abus de ſon autorité. Le tréſorier, qui eſt en même-tems interprête, eſt mandé inſidieuſement ſous ce dernier titre. Le Commandant lui ordonne la remiſe de cette pièce dans ſes mains. Le Tréſorier obſerve qu'il ne peut s'en deſſaiſir ſans enfeindre ſes devoirs, comme chargé des finances du Roi. Le ſieur Jobal l'inſulte; le Tréſorier ſe retire, & à peine rentré, le Commandant arrive avec des fuſilliers, fait chercher dans toute ſa maiſon, le fait fouiller dans ſes poches, & lui enlève la pièce à main armée.

Un ſieur Lyon, habitant de Tabago, poſſédoit depuis 1787 un terrein qui lui avoit été concédé dans les formes requiſes. En 1789, un ſieur Carminus de Vita achète le terrein limitrophe que poſſédoit un Sr. de Jorna, parent du Sr. Jobal.

Il s'élève conteſtation entre les deux voiſins, & il s'agit de favoriſer le nouvel acquéreur. Pour le faire avec ſuccès, il ne faut pas attendre que les Tribunaux légaux prononcent. Le Commandant rétablit alors dans ſes fonctions un arpenteur flétri par deux jugemens pour crime de faux. L'Officier dévoué au ſieur Jobal enlève 44 âcres de terre plantée en coton, au ſieur Lyon, pour les donner au ſieur Carminus de Vita. Cet abus d'autorité l'entraîne bientôt dans un autre. Le ſieur Bosque, avocat, prend la défenſe du Sr Lyon,

Le Commandant, irrité des protestations que cet Avocat a fait faire à son client, le mande chez lui par un Exempt de Maréchaussée. Il s'étoit établi *seul* en cour de Gouvernement, & avoit institué un Greffier. Le sieur Bosque arrive, & sans vouloir l'entendre, on lui lit un jugement qui l'interdit de ses fonctions pour six mois. L'avocat Bosque proteste inutilement, tant d'incompétence du tribunal, que du refus qu'il a éprouvé d'être entendu. Il reçoit ordre de sortir, avec menaces.

Peu de tems après, la cour de Chancellerie siégeant, l'avocat Bosque se présente. Le sieur Jobal, prenant le titre de chancelier, défend à Bosque de parler, & insulte publiquement à sa conduite. Vainement M. l'Ordonnateur & le Procureur-général du Roi, fidèles aux devoirs de leur ministère, réclament au nom du Roi la connoissance des motifs de cette interdiction. Vainement alors le sieur Bosque demande une enquête de ses vie & mœurs, qui est appuyée par les Officiers. Le Commandant donne le scandale de ses animosités contre l'Ordonnateur & le Procureur-général, défend à Bosque d'exercer, sous peine d'être chassé de l'île comme rebelle à ses ordres; & donne pour toute réponse, aux Officiers publics: *Je ne dois compte qu'au Roi.*

Nous ne pouvons nous dispenser d'ajouter ce

dernier trait. Sept familles indiennes de Caraïbes rouges avoient embrassé le christianisme, & obtenu à titre de concession un terrein inculte, à la parroisse Saint-Louis de Man-of-Way-Bay, à Tabago, en 1784. Ils avoient défriché ces terres & bâti leurs demeures de leurs mains. Paisibles possesseurs d'un terrein que la nature leur avoit donné, dans la possession duquel ils avoient été confirmés par le sieur Jobal lui-même; ils avoient existé sous la protection de la Loi & du Gouvernement jusqu'en 1789.

Le même Carminus de Vita dont nous venons de parler, prétend qu'ils occupent le terrein qu'il avoit acheté du parent du Commandant. Eh bien! hommes, femmes, enfans, toute la peuplade est dépossédée & chassée: on ne leur permet pas même d'enlever les vivres qu'ils ont plantés de leurs mains, ni leurs cases. Ces infortunés, dépouillés, sans asyle, mourant de faim, vont implorer le secours du sieur Bosque. Il ne peut exercer en leur faveur le plus respectable ministère, le droit de prendre la défense d'un opprimé. Il adresse LOUIS RADIGUOIS, chef de ces sept familles, à un de ses confrères: mais l'interdiction illégale de Bosque a tiédi les cœurs, & la crainte de l'animadversion du despote étouffe le zèle; le sieur Bosque prend cependant sur lui d'écrire au Commandant contre un abus aussi révoltant. Il ne fait aucune réponse, & ces malheureux n'ont que la foible ressource de faire constater par un Juge de paix la remise de cette lettre & leurs protestations. Bientôt ils s'éloignent de Tabago, pour aller chercher leur existence sur un autre sol. Le ciel les réserve pour donner un grand exemple d'hospitalité & de reconnoissance.

Jusqu'à présent, Messieurs, vous ne connoissez le sieur Jobal que par des actes arbitraires, des abus de tous les pouvoirs, des dénis de justice, des violations des loix & du droit des gens. Il nous reste à vous le faire connoître comme coupable de délits nationaux.

Des nouvelles indirectes apprennent à Tabago l'heureuse révolution qui s'est opérée dans la mère-patrie : le cri de la *liberté* a retenti dans l'île. Ce n'est point par la voix des ministres ; ils avoient intérêt de retarder la proclamation de la nouvelle loi. Aussi-tot tous les bons citoyens de Tabago se reconnoissent, se réunissent. L'avocat Bosque, déjà victime du Commandant, est honoré de la confiance de ses concitoyens ; il est chargé de convoquer une assemblée patriotique. Il se rend à la demande de ses frères, & cette assemblée se forme sous les auspices de la nouvelle loi, pour se livrer à la joie que leur cause le bonheur de la patrie. Après l'élection d'un sieur Greslier pour président, d'un sieur Guys pour vice-président, & du sieur Bosque pour secrétaire, les premiers actes de cette assemblée patriotique, sont l'expression de leur reconnoissance pour l'auguste Assemblée nationale, & une souscription pour faire une bourse qu'ils veulent offrir aux veuves & enfans des citoyens de Paris, qui ont scellé de leur sang l'heureuse révolution.

Ils invitent les Administrateurs à se rendre à cette assemblée, & ils arrêtent qu'il ne sera rien innové dans l'île. Ils prononcent l'auguste serment de mourir, comme leurs frères de la mère-patrie, pour le maintien de la Constitution ; & jurent d'être fidèles à la Nation, à la Loi & au Roi. Mais le despotisme a laissé de profondes craintes dans les cœurs ; & désirant mettre leur conduite à l'abri de tout soupçon, ils déclarent que dans le cas où les Administrateurs de l'île désapprouveroient cette assemblée, elle se séparera. Ils leurs notifient en conséquence, par plusieurs députations, cette conduite édifiante. La cocarde nationale est arborée, le drapeau de la liberté se déploie, & le civisme connu du sieur Bosque lui mérite l'honneur de le voir flotter à sa porte.

Ici, Messieurs, la scène change. Le Commandant, dans un conciliabule, croit devoir prendre des mesures pour empêcher la propagation de la liberté. L'Assemblée patriotique est une assemblée de factieux qui veulent mettre l'île en désordre. Il craint que le sceptre du despotisme soit enfin brisé dans ses mains : il tremble que la loi ne vienne rivaliser son pouvoir ; & chaque patriote est une victime qu'il veut sacrifier à sa haine.

Mais pour y parvenir, il faut employer des moyens sûrs, & c'est par la perfidie & les manœuvres les plus odieuses qu'il réussit à exécuter l'abominable projet de se venger. Il prend d'abord le masque du patriotisme ; il adopte la cocarde nationale, & paroît accueillir ou revenir sur le compte des citoyens que leurs frères ont élevés en dignité dans l'Assemblée patriotique. Il insinue qu'il faut une assemblée générale des habitans de l'île, & la convoque. Sans doute il espéroit y commander les suffrages. Cette assemblée générale se forme ; elle approuve tout ce qu'a fait l'assemblée patriotique ; & le premier dignitaire, le sieur Greslier, président, est confirmé par une nouvelle élection. C'est alors que le ressentiment du sieur Jobal ne connoît plns de frein. Bientôt les moyens de vengeance se préparent. Il ne voit dans chaque patriote qu'un ennemi juré, & il suscite des accusateurs contr'eux. Quelques soldats du bataillon de la Guadeloupe avoient prêté le même ferment que les patriotes, dans leur assemblée. Les officiers font faire à ces soldats des dépositions illégales, dans leurs casernes. A la faveur de ces pièces fabriquées dans l'ombre du mistère, les jours de plusieurs citoyens sont menacés : ils sont obligés de fuir, & ils sollicitent du gouverneur la permission de s'embarquer ; ils en reçoivent même des lettres de recommandation. Les sieurs Greslier, Guys & Bosque s'embarquent pour la Martinique ; mais à peine leur vaisseau a-t-il levé l'ancre, sous le pavillon national, qu'il est chassé par une goëlette angloise, montée par des soldats du bataillon de la Guadeloupe. Cette goëllette arbore pavillon anglois & l'assure d'un coup de mousquet : elle va à l'abordage ; les personnes qui la montent sautent, le sabre à la main, sur le bâtiment, s'en saisissent & le ramènent à Tabago. Les Srs. Greslier & Guys descendent à terre ; mais le sieur Bosque est arrêté par des soldats, jetté, chargé de fers dans un cachot, couché sur la dure, & privé de tout secours : le sieur Guys est tenu en chartre-privée pendant onze jours, au pain & à l'eau, également sans décret. On fabrique un procès inique contre eux & le sieur Greslier. Le sieur Jobal convoque une cour d'*oyer & terminer*, & consomme sa perfidie par un arrêt fondé sur des dépositions illégales & subornées. Le sieur Bosque est accusé : de quels crimes! le croirez-vous, Messieurs ? *d'avoir convoqué l'assemblée patriotique ; d'avoir proposé de faire une bourse pour les veuves & enfans des citoyens morts pour le salut de la patrie ; d'avoir proposé une souscription pour faire un drapeau national & avoir des cocardes ; d'avoir reçu le serment de plusieurs soldats dans l'assemblée, comme secrétaire*, & d'autres prétendus faits de même espèce, transformés en délits. Ce tribunal inique, composé de membres dévoués au commandant, & DONT PLUSIEURS AVOIENT DÉPOSÉ COMME TÉMOINS, prononce enfin un jugement par lequel « il condamne le sieur Bosque à six mois » d'emprisonnement, & à être exposé à la fin de » ce terme au carcan, depuis midi jusqu'à une » heure ; à moins qu'après avoir gardé prison pen- » dant six semaines, il ne fasse sa soumission sous » serment, devant deux Juges de paix, qu'il con- » sent à partir de l'île, pour n'y rentrer jamais ».

Le sieur Bosque, détenu aux fers, sa maison pillée, ses nègres vendus à très-bas prix, son mobilier, ses effets & sa propriété envahis, est obligé d'accepter, au bout de six semaines, la condition du jugement. Il sort de prison : on lui ordonne de partir sur le champ. Vainement il représente qu'il n'a rien, qu'il va périr de misère DANS L'ISLE DÉSERTE où on l'envoie. On lui donne pour compagnon de voyage un *assassin Anglois*,

& le vaiſſeau qui les tranſporte les dépoſe à la pointe de Cumana. Là, errant pendant quelques tems, le ciel lui préſente quelques-uns des Indiens Caraïbes qu'il avoit défendus à Tabago; il trouve les ſoins de la reconnoiſſance. Oh! qu'ils ſont hommes, ces Caraïbes, plus près de la nature que nous! & quel contraſte entre leur hoſpitalité & la férocité du ſieur Jobal! Enfin ils veulent rendre le ſieur Boſque à ſa patrie, &, ſans autre ſecours que leur zèle, ils le tranſportent, ſur un malheureux eſquif, après quarante-huit heures de lutte contre les flots & la mort, à la pointe de la Trinité Eſpagnole. Tel eſt le ſoin que le ciel a pris du ſieur Boſque, pour le ramener en France.

A l'égard des ſieurs Greſlier, préſident, & Guys, vice-préſident de l'aſſemblée patriotique de Tabago; le même arrêt les condamne à payer chacun une amende infâmante.

Ainſi l'honneur, la propriété, la vie des citoyens, leur liberté, ſont ſacrifiés à la haine d'un commandant atroce, qui ne voit dans leur patriotiſme que la cauſe de la Nation entière, contre laquelle il ne peut ſe venger. Vous nous diſpenſerez de vous préſenter le tableau des circonſtances : déja vous connoiſſez l'énormité des crimes que nous vous dénonçons. Il eſt impoſſible de ſe diſſimuler l'inſulte faite à la Nation dans la perſonne des citoyens patriotes, la haine du ſieur Jobal contre la patrie, & de méconnoître en lui un des plus cruels ennemis de la révolution & de la conſtitution. Vous avez déja reconnu, Meſſienrs, que, même ſous l'ancienne loi, le ſieur Jobal eût été condamné comme tyran; ſa conduite, ſous la nouvelle loi. n'eſt qu'un tiſſu de perfidies & de crimes de lèſe-nation. Vos cœurs ſont indignés, & il eſt tems que la loi prononce une vengeance éclatante, que nous penſons devoir être provoquée de la juſtice de l'auguſte Aſſemblée nationale.

Nous eſtimons donc, qu'en dénonçant le ſieur Jobal comme criminel de lèſe-nation & coupable des abus d'autorité les plus révoltans, vous devez demander un décret ſolemnel, un nouveau monument de la ſageſſe de l'Aſſemblée nationale, qui ordonne que le Roi ſera prié d'envoyer un officier pour remplacer le ſieur Jobal à Tabago, lequel ſera rappelé en France, en tel état qu'il plaira à l'Aſſemblée de l'ordonner, pour y ſubir l'arrêt prononcé par la loi, & par 'lorgane de tel tribunal qui ſera déſigné.

Et à l'égard des citoyens victimes de ce deſpote, que vous devez ſupplier la juſtice de l'auguſte Aſſemblée de prendre en conſidération particulière leurs réclamations, & pour obtenir la juſte réparation des torts qu'ils ont éprouvés par le jugement tortionnaire de la cour d'*oyer & terminer*, & la réintégrande dans leurs propriété, honneur & liberté; les renvoyer devant tel tribunal qui leur sera aussi désigné.

Signé DESVIEUX, Commissaire de la Section des Postes, Rapporteur.

Ouï ledit rapport, & vérification faite des pièces justificatives, les Commissaires de la majorité des Sections de la ville de Paris, en vertu des mandats de leurs commettans, auxquels ils ont rendu compte respectivement en leur assemblée, ont arrêté qu'il sera fait une pétition ou adresse à l'Assemblée nationale, tendante à dénoncer le sieur Jobal, commandant à Tabago, comme coupable de délits de lèse-nation, commis dans la personne des citoyens de ladite île.

Fait à l'assemblée tenue à l'hôtel de Richelieu, au comité de la Section de la Bibliothèque, le 29 décembre 1790.

Signés D'AUXON, président; MEUNIER DESCLOSEAUX, commissaire de la Section de l'Arsenal, secrétaire.

De l'Imprimerie de PELLIER, rue des Prouvaires, n° 61.

www.ingramcontent.com/pod-product-compliance
Lightning Source LLC
LaVergne TN
LVHW010321230826
846091LV00009B/3746

9782014091052